KITCHENS & DINING ROOMS

CUISINES & SALLES À MANGER   -   KEUKENS & EETKAMERS

KITCHENS & DINING ROOMS

CUISINES & SALLES À MANGER - KEUKENS & EETKAMERS

BETA-PLUS

In our quickly changing living environment, the kitchen is one of the most important locations in the interior.
It is here that the family members meet every day, where they cook and eat, where they also work and play.
Interior architects and kitchen designers pay a lot of attention to the arrangement and organisation of open-plan kitchens in their new creations.
This book offers readers dozens of inspiring projects for the design and realisation of their dream kitchen.

—

Dans notre environnement de vie où tout évolue si rapidement, la cuisine constitue l'un des points d'ancrage essentiels de notre intérieur.
C'est en effet là que se rencontrent chaque jour les membres de la famille, c'est là que l'on cuisine et que l'on mange, mais aussi que l'on travaille, que l'on joue,…
Dans leurs nouvelles créations, les architectes d'intérieur et les designers de cuisine apportent un soin tout particulier à la répartition et à l'organisation de cette nouvelle pièce à vivre.
Dans ce livre, les lecteurs découvriront des dizaines de projets pour leur inspirer à aménager et réaliser la cuisine de leurs rêves.

—

In onze snel veranderende woonomgeving vormt de keuken één van de belangrijkste ankerplaatsen in het interieur.
Het is hier dat de gezinsleden elkaar dagelijks ontmoeten en waar gekookt en gegeten, maar ook gewerkt, gespeeld,... wordt.
Interieurarchitecten en keukenontwerpers besteden in hun nieuwe creaties heel wat aandacht aan de indeling en de organisatie van deze nieuwe leefkeuken.
In dit boek vinden de lezers tientallen inspirerende projecten voor de inrichting en realisatie van hun droomkeuken.

CONTENTS

SOMMAIRE

INHOUD

—

TIMELESS BEAUTY

—

BEAUTE INTEMPORELLE
–
TIJDLOZE SCHOONHEID
–

PHOTOGRAPHY

Thomas De Bruyne (Cafeïne) p. 12-19, 24-25
Piet-Albert Goethals p. 20-23, 26-27

In thinking of a concept for a total project, interior designer Frederic Kielemoes often starts from the kitchen, as centrepiece of the house.

Starting from the kitchen important design lines and visual axes are created which will determine the other residential functions.

The beam-shaped tailor-made lighting reinforces those design axes and represents the signature in Kielemoes' work.

The graphic lines and accents reflect the designer's passion for Belgian constructivism in painting. Yet, thanks to the highly varied choice of material and colour palette, each design is unique and adapted to the client's living environment.

This approach is evident in this report, which presents five recent Frederic kitchen designs.

www.frederickielemoes.be

Lors de la conception d'un projet total, l'architecte d'intérieur Frédéric Kielemoes part souvent de la cuisine comme point focal de la maison.

Depuis la cuisine naissent les importantes lignes et axes visuels qui détermineront les autres fonctions d'habitation.

L'éclairage renforce ces axes conceptuels et constitue le fil rouge à travers l'œuvre de Kielemoes.

Les lignes graphiques et les accents trahissent la passion du concepteur pour le constructivisme belge dans la peinture. Pourtant, grâce à une très grande variation en matériaux et en couleurs, chaque concept s'adapte de façon unique au monde du client.

Ce reportage met clairement en évidence cette approche, présentant cinq récents modèles de cuisine de Frederic.

Interieurarchitect Frederic Kielemoes start bij het bedenken van een concept voor een totaalproject vaak vanuit de keuken, als centraal punt van de woning.

Het is vanuit de keuken dat belangrijke ontwerplijnen en zichtassen gecreëerd worden die bepalend zullen zijn voor de overige woonfuncties.

De balkvormige maatwerkverlichting versterkt die ontwerpassen en vormt de signatuur door Kielemoes' werk.

De grafische belijningen en accenten verraden de passie van de ontwerper voor het Belgische constructivisme in de schilderkunst. Toch is elk ontwerp dankzij de zeer gevarieerde materiaalkeuze en kleurenpalet telkens weer uniek en aangepast aan de leefwereld van de klant.

Deze aanpak blijkt duidelijk in deze reportage, waarin vijf recente keukenontwerpen van Frederic worden voorgesteld.

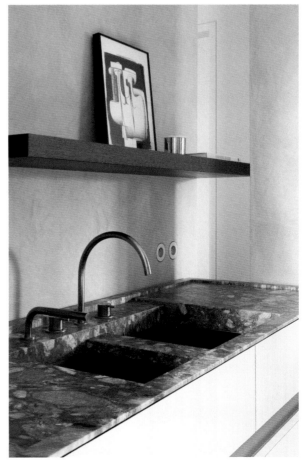

www.frederickielemoes.be

REFINED DESIGN AND CRAFTSMANSHIP

DESIGN RAFFINE ET SAVOIR-FAIRE ARTISANAL

—

GERAFFINEERD DESIGN EN VAKMANSCHAP

—

PHOTOGRAPHY
Annick Vernimmen

Obumex's mission: creating subtle harmonies caressing the senses, in spaces surrounding the client like a cocoon.

With 60 years of design tradition and a deep-rooted passion for perfection, the family business designs every detail of a home around the people who live there. Over and over, Obumex has been creating a timeless living style reflecting the client's taste and individuality. And that with the assurance and peace of mind of a guaranteed end result.

Whether it's the overall layout of a living, working or outdoor space, the design and realization of a timeless kitchen concept, or choosing from a stylish collection of furniture, linen, curtains and carpets ... Aesthetics and refinement are always central at Obumex, just like comfort and durability.

Obumex has based its quality vision for three generations on the long-term philosophy of the Ostyn family: to surpass the pure beauty of a design by excelling in its realization. The entire company shows the same unremitting dedication to deliver impeccable work.

www.obumex.be

La mission Obumex: la création d'harmonies subtiles qui caressent les sens, dans des espaces qui entourent le client comme un cocon.

Grâce à 60 ans de tradition du design et munie d'une passion profonde pour la perfection, l'entreprise familiale conçoit chaque détail d'une maison autour des gens qui y vivent. Ainsi Obumex crée à chaque reprise un style intérieur intemporel qui reflète le goût et l'individualité du client. Et avec la certitude et la tranquillité d'esprit d'un résultat garanti.

Qu'il s'agisse de la conception totale d'une maison, d'un lieu de travail ou de résidence ou d'un espace extérieur, de la conception et la réalisation d'un concept de cuisine intemporel ou d'un choix parmi une collection élégante de meubles, de linges, de rideaux et de tapis... l'esthétique et le raffinement restent des éléments essentiels pour Obumex, tout comme le confort et la durabilité.

Depuis trois générations, Obumex inscrit sa vision de qualité dans la philosophie avancée de la famille Ostyn : surpasser la beauté pure d'un concept en excellant dans sa réalisation. L'entreprise est imprégnée de cette même persévérance implacable à livrer un travail sans faille.

Obumex' missie: het creëren van subtiele harmonieën die de zintuigen strelen, in ruimtes die de klant als een cocon omringen.

Met 60 jaar designtraditie en een diepgewortelde passie voor perfectie ontwerpt het familiebedrijf elk detail van een woning rondom de mensen die er leven. Zo creëert Obumex keer op keer een tijdloze woonstijl die de smaak en individualiteit van de klant weerspiegelt. En dat met de zekerheid en gemoedsrust van een gegarandeerd eindresultaat.

Of het nu gaat om de totaalinrichting van een woon-, werk- of buitenruimte, de vormgeving en realisatie van een tijdloos keukenconcept of het kiezen uit een stijlvolle collectie meubelen, linnen, gordijnen en vloerkleden… Esthetiek en raffinement staan bij Obumex steeds centraal, net zoals comfort en duurzaamheid.

Obumex stoelt zijn kwaliteitsvisie al drie generaties lang op de doorgedreven filosofie van de familie Ostyn: de pure schoonheid van een ontwerp nog overtreffen door te excelleren in de realisatie ervan. Het voltallige bedrijf is doordrongen van dezelfde niet aflatende gebetenheid om onberispelijk werk te leveren.

—

PASSIONATE DESIGNERS, FUNCTIONAL BUILDERS

—

—

CREATEURS PASSIONNES, CONSTRUCTEURS FONCTIONNELS

—

GEPASSIONEERDE ONTWERPERS, FUNCTIONELE BOUWERS

—

PHOTOGRAPHY
Annick Vernimmen (p. 56-59, p. 64-65)
Thomas De Bruyne (p. 60-63)

JUMA Architects is an architectural firm in Ghent founded in 2009 by Mathieu Luyens and Julie van De Keere.

Their residential aesthetics can best be described as modern and minimal, with careful use of light, space and emotion: these are the unique features of each of their projects and they are also perfectly displayed in these kitchen realizations.

www.jumaarchitects.com

JUMA Architects à Gand est un bureau d'architectes fondé en 2009 par Mathieu Luyens et Julie van De Keere.

Leur esthétique de vie se décrit le mieux comme un style moderne et minimaliste, avec une prudente utilisation de l'émotion, de l'espace et de la lumière : ce sont les caractéristiques uniques de chacun de leurs projets et leurs réalisations de cuisine en forment les parfaits témoins.

JUMA Architects is een Gents architectenbureau dat in 2009 werd opgericht door Mathieu Luyens en Julie van De Keere.

Hun woonesthetiek kan men best beschrijven als modern en minimaal, met een zorgvuldig gebruik van licht, ruimte en emotie: dat zijn de unieke eigenschappen van elk van hun projecten en het wordt ook perfect weergegeven in deze keukenrealisaties.

—

MORE THAN A KITCHEN

—

–

PLUS QU'UNE CUISINE

–

MEER DAN EEN KEUKEN

–

PHOTOGRAPHY
Thomas De Bruyne (Cafeïne)

Architect Vincent Holvoet feels the need for a better understanding between tradition and modernity. His influences are strengthened by a spiritual attitude: people are in need of modesty and security, which can be created by a thoughtful architectural conceptual language exuding rest.

Here, Holvoet would like to refer to the vision of architect Dom Van der Laan and Vincent van Duysen.

His architecture does not aim for cheap effects, but for silence.

This vision is also evident in this kitchen creation, which was designed in collaboration with Kvorm (Bulthaup Kortrijk).

Vincent Holvoet proceeded very carefully when transforming a banal and classical living room and kitchen into a contemporary place which radiates warmth.

A new part was built on the entire plot size: an outer wall became an inner wall. The wide passage used to be a window. The spaces are individually defined and yet there is continuity. Between the existing and new part a light dome was installed, letting daylight into the very heart of the kitchen.

The original structure was left untouched by the architect. Bricks and plasterwork were painted white, just like the kitchen, which is also white, except for a single black element and Moroccan zeliges. Thus: textures above colour. In order to allow the architecture thus liberated to speak for itself, to let light and air come in and to create an atmosphere of tranquillity.

The table is Vincent Holvoet's own design in rough aged oak.

www.vincentholvoet.com
www.kvorm.bulthaup.be

L'architecte Vincent Holvoet éprouve la nécessité d'une meilleure compréhension entre tradition et modernité. Ses influences sont renforcées par une attitude spirituelle : les gens ont besoin d'un sentiment de recueillement et de sécurité : ses sensations peuvent également être créées par un langage de formes architecturales réfléchi, qui respire la tranquillité.

Pour ce faire, Holvoet aime faire référence à la vision des architectes Dom Van der Laan et Vincent Van Duysen.

Son architecture n'est pas à la recherche d'effets faciles, mais s'efforce de conserver le silence.

Cette vision est également évidente dans cette création de cuisine, conçue en collaboration avec Kvorm (Bulthaup Courtrai).

Vincent Holvoet a travaillé avec une grande circonspection lorsqu'il a transformé un séjour et une cuisine d'une grande banalité et d'un classicisme ennuyeux en un espace contemporain chaleureux.

Un nouvel espace a été construit sur toute la largeur de la parcelle : le mur extérieur est devenu le mur intérieur. Jadis, le large passage était une fenêtre. Les espaces se définissent chacun individuellement, mais il existe pourtant une continuité. Pour faire pénétrer la lumière du jour jusqu'au cœur de la cuisine, une coupole lumineuse a été ajoutée entre la partie existante et la nouvelle construction.

L'architecte a laissé intacte la structure initiale. Les briques et le plafonnage ont été peints en blanc. Tout comme la cuisine qui, à l'exception d'un élément noir et de zelliges marocains, est toute blanche. Donc : le choix de la texture plutôt que de la couleur. Pour laisser s'exprimer l'architecture ainsi libérée, pour faire entrer l'air et la lumière et pour créer une atmosphère de tranquillité.

La table est une création personnelle en vieux chêne brut de Vincent Holvoet.

Voor architect Vincent Holvoet is er nood aan een betere verstandhouding tussen traditie en moderniteit. Zijn invloeden worden versterkt door een spirituele houding: mensen hebben nood aan ingetogenheid en geborgenheid en die kan mede gecreëerd worden door een doordachte architecturale vormentaal, die rust uitstraalt.

Holvoet verwijst hier graag naar de visie van architect Dom Van der Laan en naar Vincent Van Duysen.

Zijn architectuur streeft niet naar goedkope effecten, maar naar stilte.

Deze visie blijkt ook duidelijk in deze keukencreatie, die ontworpen werd in samenwerking met Kvorm (Bulthaup Kortrijk).

Vincent Holvoet ging heel omzichtig te werk, toen hij een banale en klassieke woonkamer en keuken transformeerde tot een hedendaagse plek die warmte uitstraalt.

Er werd een deel bijgebouwd over de hele perceelbreedte: een buitenmuur werd een binnenmuur. De brede doorgang was vroeger een raam. De ruimtes definiëren zich elk op zich en toch is er continuïteit. Tussen het bestaande en nieuwe deel kwam een lichtkoepel, die daglicht tot diep in de keuken binnen laat.

De oorspronkelijke structuur liet de architect ongemoeid. Bakstenen en pleisterwerk werden witgeschilderd. Net als de keuken, die op een enkel zwart element en Marokkaanse zeliges na, even blank tekent. Dus: texturen boven kleur. Om de vrijgekomen architectuur voor zich te laten spreken, licht en lucht binnen te halen en rust uit te stralen.

De tafel is een eigen ontwerp van Vincent Holvoet in ruwe verouderde eik.

www.vincentholvoet.com
www.kvorm.bulthaup.be

www.vincentholvoet.com
www.kvorm.bulthaup.be

—

IMPROVISED SOPHISTICATION, EFFORTLESS LUXURY

—

—

RAFFINE & IMPROVISE, LUXE SANS OSTENTATION

—

GEÏMPROVISEERD RAFFINEMENT, LUXE ZONDER OVERDAAD

—

PHOTOGRAPHY
Benoît Linero

Juxtaposing lush materiality with sleek, edited lines, this elegant space created by interior architect Jean-Charles Tomas in a 180 sq.m. apartment in Paris' Saint-Sulpice quarter highlights masculine and feminine silhouettes with high-contrast, architectural detail for an air of improvised sophistication and effortless luxury.

www.jeancharlestomas.com

Dans un appartement de 180 m² dans le quartier Saint-Sulpice à Paris, le décorateur Jean-Charles Tomas a créé une élégante cuisine/salle à manger incorporant des accents masculins et féminins. Il combine la matérialité luxuriante avec les lignes lisses et élaborées: un contraste frappant, avec une attention particulière pour le détail architectural, improvisé, raffiné, luxueux sans excès.

In een appartement van 180 m² in de Parijse Saint-Sulpice buurt ontwierp interieurarchitect Jean-Charles Tomas een elegante keuken / eetruimte met mannelijke en vrouwelijke accenten. Hij combineert weelderige materialiteit met gladde, bewerkte lijnen: een scherp contrast, met oog voor architecturaal detail, geïmproviseerd, geraffineerd, luxueus zonder overdaad.

—

EN ENFILADE

—

—

EN ENFILADE

—

PHOTOGRAPHY
Piet-Albert Goethals

On behalf of Rubens Management the Brussels architectural firm Exar restored an apartment building in Modernist style by architect Georges Verlant from 1936.

This corner apartment was furnished «en enfilade», with an open plan for lounge, kitchen and dining room.

A Van Rossum dining table with Wishbone Chairs by Hans Wegner (CH24). Ceramics by Anita Le Grelle and Vincent Van Duysen.

www.exar.be

Le Bureau d'architectes bruxellois Exar a restauré un immeuble de style moderniste de l'architecte Georges Verlant de 1936, et ce à la demande de Rubens Management.

Cet appartement de coin a été décoré « en enfilade», avec un plan ouvert pour le salon, la cuisine et la salle à manger.

Une table à manger par Van Rossum avec chaises Wishbone de Hans Wegner (CH24). Céramiques par Anita Le Grelle et Vincent Van Duysen.

Het Brusselse architectenbureau Exar restaureerde in opdracht van Rubens Management een appartementsgebouw in Modernistische stijl van architect Georges Verlant uit 1936.

Dit hoekappartement werd ingericht "en enfilade", met een open plan voor salon, keuken en eetkamer.

Een eettafel van Van Rossum met Wishbone Chairs van Hans Wegner (CH24). Keramiek van Anita Le Grelle en Vincent Van Duysen.

—

THE LUXURY OF FEELING AT HOME

—

–

LE LUXE DE SE SENTIR CHEZ SOI

–

DE LUXE VAN EEN THUISGEVOEL

–

PHOTOGRAPHY
Valerie Clarysse

Luxhome designs and/or realizes any interior project: kitchen, living area, bathroom, office, practice,...

The company in Gavere combines atmosphere, class and functionality in a highly personal way: creating luxury and a true home feeling.

In this new building of architect Paul Kindt, all custom work was designed and executed by Luxhome.

The cabinets are made of oak thick veneer (ash grey coloured) in combination with white laminate, tinted in the core. The kitchen worktop in Diresco composite stone Pure White was made with mitre cuts.

The round Tulip table and chairs are a design by Eero Saarinen for Knoll.

www.luxhome.be

Luxhome conçoit et/ou réalise tout projet d'intérieur : cuisine, salon, salle de bains, bureau, cabinet,...

Le bureau de Gavere combine l'atmosphère, la classe et la fonctionnalité d'une façon très personnelle : la création d'une sensation de luxe et l'impression de se sentir chez soi.

Dans cette maison neuve, réalisée par l'architecte Paul Kindt, Luxhome a conçu et exécuté tout le travail sur mesure.

Les armoires ont été fabriquées en épais placage de chêne (couleur gris cendre) en combinaison avec du stratifié blanc, teinté dans le noyau. Le plan de travail en pierre composite Diresco Pure White a été exécuté en onglets.

La table ronde Tulipe et les chaises ont été conçues par Eero Saarinen pour Knoll.

Luxhome ontwerpt en/of realiseert elk interieurproject: keuken, leefruimte, badkamer, bureau, praktijk, …

Het bedrijf uit Gavere combineert sfeer, klasse en functionaliteit op een hoogstpersoonlijke manier: het creëren van luxe en een echt thuisgevoel.

In deze nieuwbouwwoning van architect Paul Kindt werd alle maatwerk ontworpen en uitgevoerd door Luxhome.

De kasten zijn vervaardigd in eiken dik fineer (assegrijs ingekleurd) in combinatie met wit laminaat, getint in de kern. Het keukenwerkblad in Diresco composietsteen Pure White werd in het verstek uitgevoerd.

De ronde Tulip tafel en stoelen zijn een ontwerp van Eero Saarinen voor Knoll.

—

A PRIVILEGED PARTNER

—

—

UN PARTENAIRE PRIVILEGIE

—

EEN BEVOORRECHT PARTNER

—

PHOTOGRAPHY
Thomas De Bruyne (Cafeïne)

The natural stone company Hullebusch is the privileged supplier for many renowned architects and interior designers.

On behalf of Pieter Vanrenterghem, the exclusive Santa Viotalla of Hullebusch was chosen for a luxuriously finished kitchen island.

The project in collaboration with kitchen designer Wilfra from Waregem shows a warm combination of copper, Temporary Brown marble and lime techniques.

www.hullebusch.be

L'entreprise de pierre naturelle Hullebusch est le fournisseur privilégié pour de nombreux architectes de renom et de créateurs d'intérieur.

À la demande de Pieter Vanrenterghem, l'exclusive Santa Viotalla d' Hullebusch a été sélectionnée pour un îlot de cuisine luxueusement fini.

Le projet en collaboration avec le cuisiniste Wilfra de Waregem montre une harmonieuse combinaison de cuivre, de marbre Temporary Brown et des techniques de chaux.

Natuursteenbedrijf Hullebusch is de bevoorrechte leverancier voor heel wat gerenommeerde architecten en interieurontwerpers.

In opdracht van Pieter Vanrenterghem werd de exclusieve Santa Viotalla van Hullebusch gekozen voor een luxueus afgewerkt keukeneiland.

Het project in samenwerking met keukenontwerper Wilfra uit Waregem toont een warme combinatie van koper, Tempory Brown marmer en kalktechnieken.

www.hullebusch.be
www.pietervanrenterghem.be

www.hullebusch.be

www.wilfra.be

—

WARM WHITE

—

—

BLANC CHALEUREUX

—

WARM WIT

—

PHOTOGRAPHY
Jo Pauwels

The purpose of the assignment of this house was to create a spatial, light-oriented cooking and living space.

Naomi Bogaert drew a clean interior with white as the main colour.

She combined this white with natural materials, such as the oak parquet, which has been used in the entire room, and the real Calacatta marble in the kitchen. In this way she gave the whole interior a warm feeling and a timeless character.

The intention to keep the entire room visually as quiet as possible is achieved by removing the ovens in the kitchen from sight by means of a sliding door. With this door in closed condition, the cooking wall gets a very balanced look. The side-mounted steam oven also contributes to a calmer image.

Also the door to the utility room is made of the same material as the kitchen doors, and integrated in perfect alignment with the cabinet doors.

In the living space, the large oval dining table is the epicentre. It connects the kitchen with the living area. The dining room cabinet wall, with integrated bar cabinet, forms a seamless arrangement with the fireplace wall. In this way both the spatial sense and the cosy compartmentalization of the different areas are maintained.

www.bogaertkokenenwonen.be

La mission pour cette maison consistait à créer un bloc de cuisine spacieux et habitable orientée vers la lumière.

Naomi Bogaert a dessiné un intérieur épuré avec le blanc comme couleur principale.

Elle a combiné cette couleur blanche avec des matériaux naturels comme le parquet en chêne, qui se prolonge dans toute la pièce et le marbre Calacatta dans la cuisine. Grâce à cette combinaison, elle est parvenue à conférer une sensation de chaleur à l'ensemble, créant de cette façon un intérieur aux allures intemporelles.

L'objectif de maintenir aussi calme que possible le caractère visuel de l'espace fut entre autre obtenu par une porte coulissante, soustrayant les fours à la vue. Avec cette porte en position fermée, le mur cuisine acquiert un look très équilibré. Le four vapeur latéral contribue également à une image plus paisible.

La porte de la buanderie est élaborée dans le même matériel que les portes de cuisine et intégrée en parfait alignement avec les portes des armoires.

La grande table ovale dans l'espace habitable constitue l'épicentre. Elle relie la cuisine avec le séjour. La paroi du placard de la salle à manger, avec bar intégré, forme un ensemble homogène avec la paroi de la cheminée, tout en conservant la sensation spatiale et le partitionnement confortable des différentes zones.

Voor deze woning was de opdracht om een ruimtelijke, naar het licht georiënteerde kook- en leefruimte te creëren.

Naomi Bogaert tekende een strak interieur met wit als hoofdkleur.

Ze combineerde dit wit met natuurlijke materialen, zoals het eiken parket, dat in de volledige ruimte is doorgetrokken, en de echte Calacatta-marmer in de keuken. Hierdoor gaf ze het geheel toch een warm gevoel, en maakte ze het tot een interieur met een tijdloos karakter.

Het opzet om de gehele ruimte visueel zo rustig mogelijk te houden wordt mede bereikt door in de keuken de ovens aan het zicht te onttrekken door middel van een inschuifdeur. Met deze deur in gesloten toestand krijgt de kookwand een heel evenwichtige look. De zijdelings geplaatste stoomoven draagt eveneens bij tot een rustiger beeld.

Ook de deur naar de bijkeuken is in hetzelfde materiaal als de keukendeuren uitgevoerd, en in één lijn met de kastdeuren geïntegreerd.

In de leefruimte is de grote ovalen eettafel het epicentrum. Ze verbindt de keuken met de living. De kastenwand van de eetkamer, met geïntegreerde barkast, vormt een naadloos geheel met de haardwand, waardoor je zowel het ruimtelijk gevoel, als de gezellige compartimentering van de verschillende zones behoudt.

—
CHARM AND AUTHENTICITY
—

—

CHARME ET AUTHENTICITE

—

CHARME EN AUTHENTICITEIT

—

PHOTOGRAPHY
Luc Wauman

For more than two decades Baden Baden has been realizing projects throughout Europe which radiate charm and authenticity and functionality. The designs reflect the clients' plans: they take full account of their desires, needs and personality without losing the optimum use of space.

Two key words characterize Baden Baden: Solid wood (ecological, warm, natural, handmade, ...) and custom work (for almost absolute freedom and uniqueness.).

The showroom in the Brusselse Hoogstraat, near the historic Savel, offers 400 m² of inspiration.

The first project in this coverage (p. 120-123) shows a custom-made kitchen with a central island, chopping board and cabinet with integrated radiator cabinet, all painted in «Sable» and «Ballerine» colours according to the Baden Baden palette. A ceramic sink, taps in brushed nickel, a Calacatta marble worktop and ceramic tile wall: all designed and executed by Baden Baden.

The second kitchen (p. 124-125) was custom-made and painted in «Sable» with a breakfast corner, a worktop in Belgian blue stone (two undercounter washbasins) and swan neck taps. A double glass cabinet with integrated radiator cabinet, wall in zelliges. The walls were covered with painted slats.

www.badenconcept.com

Depuis plus de deux décennies, Baden Baden réalise des projets partout en Europe, rayonnant le charme et l'authenticité tout en étant aussi fonctionnels. Les dessins représentent les désirs des clients : ils prennent entièrement en considération leurs besoins et leur personnalité sans oublier l'utilisation optimale de l'espace.

Deux mots-clés caractérisent Baden Baden : le bois massif (écologique, chaleureux, naturel, finement travaillé à la main,...) et le travail personnalisé (pour une liberté et une unicité presque absolues).

La salle d'exposition dans la Rue Haute à Bruxelles, près de l'historique Sablon, offre 400 m² d'inspiration.

Le premier projet de ce reportage (p. 120-123) montre une cuisine réalisée sur mesure avec îlot central et billot de découpe en bois de bout et vaisselier vitré et fermé en partie haute avec cache-radiateur intégré , l'ensemble en érable peint couleur « Sable » et « Ballerine » suivant la palette Baden Baden, timbre d'office double en céramique, mélangeur d'évier trois trous finition nickel brossé, plan de travail en marbre Calacatta, crédence en carreaux de faïence. Conception et réalisation par Baden Baden.

La deuxième cuisine (p. 124-125) a été fabriquée sur mesure et peinte dans le coloris « Sable » suivant la palette Baden Baden avec un retour coin déjeuner, plan de travail en pierre bleue belge avec deux éviers en inox sous-encastrés et mélangeur « col de cygne » sur gorge, vaisselier deux-corps vitré avec cache radiateur intégré, crédence en zelliges. Habillage des murs en lattis peint. Conception et réalisation par Baden Baden.

Baden Baden realiseert al meer dan twee decennia lang overal in Europe projecten die charme en authenticiteit uitstralen en functioneel zijn. De ontwerpen weerspiegelen de plannen van de opdrachtgevers: ze houden volop rekening met hun verlangens, behoeften en hun persoonlijkheid zonder het optimale gebruik van de ruimte te vergeten.

Twee kernwoorden typeren Baden Baden: massief hout (ecologisch, warm, natuurlijk, handbewerkt, …) en maatwerk (voor een quasi absolute vrijheid en uniciteit.).

De showroom in de Brusselse Hoogstraat, vlakbij de historische Zavel, biedt 400 m² inspiratie.

Het eerste project in deze reportage (p. 120-123) toont een maatkeuken met centraal eiland, kapblok en vitrinekast met geïntegreerde radiatorkast, alles geschilderd in "Sable" en "Ballerine" kleuren volgens het palet van Baden Baden. Een keramische spoelbak, kraanwerk in geborstelde nikkel, werkblad in Calacatta marmer en een wand in keramische tegeltjes: alles ontworpen en uitgevoerd door Baden Baden.

De tweede keuken (p. 124-125) werd op maat gemaakt en geschilderd in "Sable" met een ontbijthoek, werkblad in Belgische blauwsteen (twee wastafels in onderbouw) en kraanwerk met zwanenhals. Een dubbele vitrinekast met geïntegreerde radiatorkast, wand in zelliges. De muren werden bekleed met geschilderde latjes.

—

PERFECT HARMONY

—

—

HARMONIE PARFAITE

—

PERFECTE HARMONIE

—

PHOTOGRAPHY

Jo Pauwels (p. 130-131)
Thomas De Bruyne (Cafeïne) (p. 132-135)
Arne Jennard (p. 136-137)

Interior designer Dennis T'Jampens is a master in creating outstanding contemporary and yet very warm interiors. His kitchens are also witnesses of this perfect harmony.

The project on p. 130-131 shows the kitchen of an old farm in Lier. In a central partition wall (executed in swamp oak) the kitchen, bar cabinet and cloakroom were integrated. The open kitchen with Kreon lighting profiles is extended with the dining room. The kitchen island is performed in Corian and swamp oak, an oak parquet floor (Z-Parquet) is interrupted by Calacatta marble.

P. 132-135: A new construction project in Berchem where the high open space in the dining area immediately stands out. The big window at the centre of the entrance is the eye-catcher of this project. The open kitchen nicely integrates into this space and can be closed off by a 6 m wide wrought iron sliding door. The appliances, bar cabinet, storage room and doors are fully integrated into the dark coloured oak cabinet wall. The cooking island in Corian contrasts with the rest. The kitchen goes all up to the back to the breakfast room. The integrated fireplace makes it complete.

P. 136-137: This kitchen and dining place in the showroom of Dennis T'Jampens in Antwerp. The dining area is flanked by a 6 m long open gas fireplace, custom made by De Puydt. Above the fireplace there are three sliding doors with storage in white oak veneer. The high cabinet wall in the kitchen follows the lines of the fireplace. High cabinet fronts in dark oak veneer hide the bar cabinet and kitchen appliances. The cooking area and kitchen island are fully painted in white lacquer. Fior Di Bosco marble comes from Van Den Weghe. The kitchen and the dining area are separated by two walls in wrought iron with smoked black glass. The Kreon lighting enhances the architectural lines in this project.

www.d-architecturalconcepts.be

L'architecte d'intérieur Dennis T'Jampens est un maître créateur d'intérieurs d'expression à la fois contemporaine et très chaleureuse. Ses cuisines témoignent également de cette harmonie parfaite.

Le projet à la p. 130-131 montre la cuisine d'une ancienne ferme à Lier. Dans une cloison centrale (réalisée en chêne des marais) la cuisine, le bar et le vestiaire ont été intégrés. La cuisine ouverte avec les profils d'éclairage Kreon se prolonge dans la salle à manger. L'îlot est produit en Corian et en chêne des marais, le sol en parquet de chêne (Parquet-Z) entrecoupé de marbre Calacatta.

P. 132-135 : Un projet de construction neuve à Berchem où le haut vide dans la salle à manger saute immédiatement aux yeux. La grande fenêtre centrale sur l'entrée est l'accroche de ce projet. La cuisine ouverte s'intègre parfaitement à l'ensemble et elle peut être fermée au moyen d'une porte coulissante de fer forgé de 6 m de large. Les appareils, le bar, le débarras et les portes sont pleinement intégrés dans l'unité murale foncée en chêne. L'îlot de cuisson en Corian forme un contraste avec le reste. La cuisine s'exécute vers l'arrière dans la salle du petit déjeuner. La cheminée intégrée achève l'ensemble.

P. 136-137 : Cette cuisine et salle à manger dans la salle d'exposition de Dennis T'Jampens à Anvers. La salle à manger est flanquée d'un fourneau à gaz ouvert de 6 m. de long, élaboré sur mesure par De Puydt. Au-dessus de la cheminée : trois portes coulissantes avec rangement en placage de chêne blanc. La haute armoire murale dans la cuisine se prolonge dans la ligne du fourneau. Les hauts placards en placage de chêne dissimulent le meuble bar et les appareils de cuisine. La surface de cuisson et l'îlot de cuisine sont intégralement élaborés en laqué blanc. Du marbre Fior Di Bosco de chez Van Den Weghe. La cuisine et la salle à manger sont séparées par deux parois en fer forgé avec du verre fumé noir. L'éclairage Kreon accentue les lignes architecturales de ce projet.

Interieurarchitect Dennis T'Jampens is een meester in het creëren van uitgesproken hedendaagse en toch heel warme interieurs. Ook zijn keukens getuigen van deze perfecte harmonie.

Het project op p. 130-131 toont de keuken van een oude hoeve in Lier. In een centrale scheidingswand (uitgevoerd in moeraseik) werden keuken, barkast en vestiaire geïntegreerd. De open keuken met Kreon verlichtingsprofielen wordt verlengd met de eetkamer. Eiland uitgevoerd in Corian en moeraseik, een eiken parketvloer (Z-Parket) onderbroken door Calacatta marmer.

P. 132-135: Een nieuwbouwproject in Berchem waar de hoge vide in de eetplaats meteen opvalt. Het grote raam centraal op de inkom is dé blikvanger van dit project. De open keuken sluit hier mooi op aan en kan afgesloten worden door een smeedijzeren schuifdeur van 6m breed. De toestellen, barkast, berging en deuren zijn volledig geïntegreerd in de donkergekleurde eiken kastenwand. Het kookeiland in Corian staat hiermee in contrast. De keuken loopt naar achteren toe door in de ontbijtkamer. De geïntegreerde haard maakt het geheel compleet.

P. 136-137: Deze keuken en eetplaats in de showroom van Dennis T'Jampens te Antwerpen. De eetplaats wordt geflankeerd door een open gashaard van 6m. lang, op maat gemaakt door De Puydt. Boven de haard drie schuifdeuren met berging in witte eik fineer. De hoge kastenwand in de keuken loopt door in de lijn van de haard. Hoge kastfronten in donker eik fineer verstoppen de barkast en de keukentoestellen. Het kookgedeelte en keukeneiland zijn volledig uitgevoerd in witte lak. Fior Di Bosco marmer van bij Van Den Weghe. De keuken en de eetplaats worden gescheiden door twee wanden in smeedijzer met gerookt zwart glas. De Kreon verlichting versterkt de architecturale lijnen in dit project.

—
THE FINISHING TOUCH
—

—

LA TOUCHE FINALE

—

DE FINALE TOETS

—

PHOTOGRAPHY
Claude Smekens

Dauby is the absolute specialist in exclusive door, window and furniture fittings: the company from Wommelgem (Antwerp) distributes both handmade retro fittings and design fittings of renowned designers.

The authentic bronze and metal tiles poured into sand moulds (p. 142) are also distributed by Dauby. In this interior, the wall of the kitchen island was covered with these unique tiles. Let your creativity run free and combine different shades of metal and bronze.

On p. 144 in the middle of the PT20 RB: a round button in rough bronze - a solid material with a rough appearance giving each interior an elegant and yet sober touch.

The PMC RB handles right on p. 144 show a unique design that lies conveniently in the hand thanks to its rounded shapes: a clean look yet with attention to design and suitable for both a contemporary modern and timeless and retro style.

The PMAF RB handles (p. 145) are robust handles which echo pure design: is this vintage or modern?

The raw bronze has warm copper-like tones which make every interior shine. The rough structure creates an original effect.

A collaboration with : Jan Van Den Broeck (Itegem) – Taps & Baths – Den Stal

www.dauby.be

Dauby est le spécialiste des ferrures exclusives de portes, de fenêtres et de mobilier : la société de Wommelgem (Anvers) distribue tant les ferrures rétro à la main comme les ferrures design de stylistes de renom.

De même, les faïences authentiques coulées en bronze et en métal dans des moules de sable (p. 142) sont également distribuées par Dauby. Dans cet intérieur, le mur de l'îlot de cuisine a été carrelé avec ces faïences uniques. Donnez libre cours à votre créativité et combinez différentes nuances de métal et de bronze.

P. 144 au milieu de PT20 RB: un petit bouton rond en bronze brut - un matériau massif
à l'aspect rugueux qui confère à n'importe quel intérieur une touche à la fois sobre et élégante.

Les poignées PMC RB à droite à la p. 144 montrent un design unique pour un parfait contrôle, grâce à ses formes arrondies : épuré, mais toujours avec une attention à la conception et au caractère à la fois moderne et contemporain qu'intemporel et rétro.

Les poignées PMAF RB (p. 145) sont des poignées robustes qui respirent un design épuré : est-ce vintage ou moderne ?

Grâce à ses chaudes teintes cuivrées, le bronze à l'état brut fait rayonner chaque intérieur. La structure rudimentaire crée un effet original.

En colllaboration avec : Jan Van Den Broeck (Itegem) – Taps & Baths – Den Stal

Dauby is dé specialist in exclusief deur- , raam- en meubelbeslag: het bedrijf uit Wommelgem (Antwerpen) verdeelt zowel handgemaakt retrobeslag als designbeslag van gerenommeerde ontwerpers.

Ook de authentieke bronzen en metalen tegels gegoten in zandmallen (p. 142) worden door Dauby verdeeld. In dit interieur werd de wand van het keukeneiland met deze unieke tegels bekleed. Laat je creativiteit de vrije loop en combineer verschillende tinten metaal en brons.

Op p. 144 in het midden de PT20 RB: een rond knopje in ruw brons - een massief materiaal met een ruwe uitstraling dat elk interieur een elegante toets geeft en toch sober vormgegeven is.

De PMC RB grepen rechts op p. 144 tonen een unieke vormgeving die goed in de hand ligt door zijn afgeronde vormen: strak maar toch met aandacht voor design en geschikt voor zowel hedendaags modern als tijdloos en retro.

De PMAF RB grepen (p. 145) zijn robuuste grepen die puur design uitstralen: is dit vintage of modern?

Het ruw brons heeft warme koperachtige tinten die elk interieur doen stralen. De ruwe structuur creëert een origineel effect.

In samenwerking met : Jan Van Den Broeck (Itegem) – Taps & Baths – Den Stal

–

EXCEPTIONAL AND MADE-TO-MEASURE

–

—

DU SUR-MESURE EXCEPTIONNEL

—

UITZONDERLIJK MAATWERK

—

In a new built apartment in Knokke, designed by interior designer Bert Van Bogaert, Descamps realized the complete customization and material choice.

All spaces overflow in order to achieve optimal light incidence. The central block houses the fireplace, lifts and a walk-in wardrobe. A very strict lineage was taken into account in the design.

Rich materials were chosen in a timeless framework. The central block is made of oak veneer with a V-pattern finish. The oak parquet is alternated with a marble floor in the kitchen area. The kitchen block is in Fior di Bosco marble and has a red copper faucet.

The wall furniture in the kitchen is painted MDF.

www.descamps.be

Dans un appartement nouvellement construit à Knokke, conçu par l'architecte d'intérieur, Bert Van Bogaert, Descamps a réalisé la personnalisation intégrale et le choix des matériaux.

Tous les espaces se mélangent dans un éclairage optimal. Le bloc central incorpore la cheminée, l'ascenseur et le dressing. Le projet a tenu compte de lignes très strictes.

On a opté pour de riches matières dans un cadre intemporel. Le bloc central est exécuté en placage de chêne à finition de type V. Le parquet en chêne est alterné avec un sol en marbre Fior di Bosco dans le coin cuisine. Le bloc de cuisine est en marbre avec un robinet en cuivre rouge.

Les meubles muraux dans la cuisine sont en MDF laqué.

In een nieuwbouwappartement te Knokke, ontworpen door interieurarchitect Bert Van Bogaert, realiseerde Descamps het volledige maatwerk en de materiaalkeuze.

Alle ruimtes lopen in elkaar over voor een optimale lichtinval. In het centrale blok zitten haard, lift en dressings. In het ontwerp werd rekening gehouden met een heel strikte belijning.

Er is gekozen voor rijke materialen in een tijdloos kader. Het centrale blok is uitgevoerd in eikfineer met een V-motief afwerking. De eiken parket wordt afgewisseld met een vloer in marmer in het keukengedeelte. Keukenblok in marmer "Fior di Bosco" en een roodkoperen kraan.

De wandmeubelen in de keuken zijn MDF gelakt.

–

PERFECT JOY

–

—

SAVOURER LA PERFECTION

—

PERFECT GENIETEN

—

PHOTOGRAPHY
Julien Lanoo
Yannick Milpas
Luc Roymans

Fierens kitchen and interior consists of a team of creative, dynamic interior architects, administrative all-rounders and enthusiastic professionals.

Eye for beauty and detail go hand in hand with top quality, precision and reliability. And this has been the case for four decades now...

Every kitchen is manufactured in its own state-of-the-art joinery. The assembly and installation are carried out by in-house own employees. They are all passionate about their profession and pursue perfection.

In addition to the design and realization of kitchens, Fierens also creates bathrooms and entire interiors with exclusive materials and high-quality finish.

The showroom is a real must-see: custom work is complemented by beautiful tables and chairs of Italian top brands, design classics, art and decorative objects.

General Managers Koen Fierens and Karo Deroover want the client to feel at home right away and to feel without losing the sense of being special: every kitchen is a very unique creation which must fit perfectly into the clients' living environment.

Hence, their motto is clear: «Whatever we design for you, it must fit perfectly. With the style you prefer. With your way of life. With your budget. In this way you can enjoy in an excellent way».

www.fierenskeukens.be

Cuisines et Intérieur Fierens se compose d'une équipe d'architectes d'intérieur créatifs et dynamiques, de mille-pattes administratifs et de professionnels chevronnés.

Un souci permanent pour la beauté et le détail y va de pair avec une qualité haut de gamme, mise en œuvre avec précision et fiabilité. Et cela depuis déjà quatre décennies...

Chaque cuisine est fabriquée dans la propre menuiserie ultramoderne. L'assemblage et le placement sont réalisés par les propres employés, qui sont tous passionnés par leur métier et le goût de la perfection.

En plus de la conception et de la réalisation de cuisines, Fierens crée aussi des salles de bains et des conceptions totales avec des matériaux exclusifs et une finition de haute qualité.

La salle d'exposition est certainement un must : du travail sur mesure, complété par de belles tables et chaises de marques italiennes renommées, des classiques du design, d'art et des objets décoratifs.

Les gérants Koen Fierens et Karo Deroover veulent que le client se sente immédiatement chez soi sans pour autant perdre le sentiment d'être spécial : après tout, chaque cuisine est une création unique qui doit s'insérer parfaitement dans l'univers des clients.

Leur devise est claire : « quel que soit notre conception pour vous, elle doit s'adapter comme un gant à vos souhaits. Au style que vous préférez. À votre mode de vie. À votre budget. Afin que vous puissiez savourer la perfection».

Fierens keuken en interieur bestaat uit een team van creatieve, dynamische interieurarchitecten, administratieve duizendpoten en gedreven vakmensen.

Oog voor schoonheid en detail gaan er hand in hand met topkwaliteit, precisie en betrouwbaarheid. En dit al vier decennia lang…

Elke keuken wordt vervaardigd in de eigen state-of-the-art schrijnwerkerij. De montage en plaatsing gebeurt door eigen medewerkers. Allen zijn zij gepassioneerd door hun vak en streven ze perfectie na.

Naast het ontwerp en de realisatie van keukens, creëert Fierens ook badkamers en totaalinrichtingen met exclusieve materialen en hoogwaardige afwerking.

De toonzaal is een echte aanrader: eigen maatwerk wordt aangevuld met mooie tafels en stoelen van Italiaanse topmerken, designklassiekers, kunst en decoratieve objecten.

Zaakvoerders Koen Fierens en Karo Deroover willen dat de klant zich hier meteen thuis maar ook bijzonder voelt: elke keuken is immers een geheel eigen creatie die perfect moet passen in de leefwereld van de opdrachtgevers.

Hun devies is dan ook duidelijk: "Wat we ook voor u ontwerpen, het moet passen als gegoten. Bij de stijl die u verkiest. Bij uw manier van leven. Bij uw budget. Zo kunt u Perfect Genieten".

—

AN APARTMENT NEAR MONTPARNASSE

—

–

UN APPARTEMENT PRES DE MONTPARNASSE

–

EEN APPARTEMENT NABIJ MONTPARNASSE

–

PHOTOGRAPHY
Stephan Julliard

Located in the 6th arrondissement in Paris, on a busy street near Montparnasse, this apartment hadn't been restored in over 40 years.

Architect Nicolas Schuybroek completely transformed the layout, inverting the location of the kitchen with that of the bathroom and creating a large living space from what had been three small rooms. At its heart is the kitchen, wrapped in brushed oak paneling with a sculptural marble counter at its center and a glass partition to let in natural light.

Materials were kept to a strict minimum. Carrara marble was used in the kitchen for the island as well as for the flooring, where it was laid in the same chevron pattern as the wooden floors in the adjacent living room. Residue pieces were cut into square tiles for the bathroom floors.

Identical stained oak was used on both wall paneling and built-in cupboards. The elegant finish touch consists in vintage French furniture and Scandinavian lighting classics.

www.ns-architects.com

L'appartement est situé dans le 6e arrondissement de Paris, dans une rue passante à proximité de Montparnasse. Il n'avait pas été restauré depuis plus de quarante ans.

L'architecte Nicolas Schuybroek a totalement changé la disposition des pièces, interchangeant la cuisine et la salle de bains et fusionnant trois petites pièces en un seul grand séjour. La cuisine au cœur de l'appartement est entourée d'un lambris en chêne brossé avec, en son centre, un sculptural îlot de marbre. Une paroi vitrée laisse entrer la lumière naturelle.

L'utilisation de différentes matières est limitée au strict minimum : Du marbre de Carrare pour l'îlot et le sol de la cuisine, avec le même motif à chevrons que le parquet du salon adjacent. Les chutes ont été découpées en dalles carrées pour le carrelage de la salle de bains.

Le même chêne teint a été utilisé pour le lambris et les armoires encastrées. Le tout bénéficie d'une finition élégante avec un mobilier vintage français et un éclairage scandinave classique.

Dit appartement is gelegen aan het 6de arrondissement in Parijs, in een drukke straat vlakbij Montparnasse. Het was sinds meer dan veertig jaar niet gerestaureerd geweest.

Architect Nicolas Schuybroek transformeerde de indeling volledig, waarbij de keuken en badkamer van plaats verwisselden en drie kleinere ruimten werden samengevoegd tot één grote leefruimte. In het hart ligt de keuken, omhuld met een lambrisering in geborstelde eiken en centraal een sculpturaal marmeren eiland en een glazen scheidingswand om het natuurlijke licht binnen te laten.

De materialen werden tot een strikt minimum beperkt: Carrara marmer voor het keukeneiland en de vloer, in hetzelfde visgraatpatroon als de houten vloer in het salon daarnaast. Resterende stukken werden verzaagd tot vierkante tegels voor de badkamervloer.

Eenzelfde getinte eiken werd gebruikt voor de lambrisering en de ingemaakte kasten. Alles werd elegant afgewerkt met vintage Frans meubilair en Scandinavische verlichtingsklassiekers.

—

A REAL FAMILY ROOM

—

–

UNE VRAIE PIECE A VIVRE

–

EEN ECHTE LEEFRUIMTE

–

PHOTOGRAPHY
Vincent Duterne

This 250m² apartment in a 1950s building in a green area near the Sonian forest was transformed into a contemporary family room by architectural office Jules Miles.

An open living environment was created with four features: kitchen and dining room, a split salon (1 fireplace part and 1 part for multimedia) and a hidden desk. The original building elements in concrete were retained and were accentuated even more; the custom-made cabinets and kitchen divide the space.

The worktop and kitchen bar are in Calacatta marble (Macchia Vecchia) with a strong, characterful drawing but a subtler look for the dishwasher cabinet and fireplace.

Cherner armchairs in walnut around a CH339 table by Carl Hansen designed by Hans Wegner in 1962 (chosen by Diito). Tom Dixon ceiling lights.

www.julesmiles.com

L'immeuble des années 50 est situé dans un écrin de verdure en lisière de Forêt de Soignes, le projet transforme un appartement de 250 m² en espace contemporain et familial.

Le bureau d'architecture Jules Miles a entièrement revu l'aménagement et la distribution de l'appartement. Un espace de vie ouvert a été créé regroupant 4 fonctions : cuisine et salle-à-manger, mais également un salon dédoublé (1 côté feu ouvert et l'autre pour le multimédia) et un bureau dérobé. Les éléments constructifs d'origine en béton ont été conservés et mis en valeur, un dessin sur mesure des menuiseries et cuisine agencent l'espace. Le plan de travail et le bar de la cuisine sont en marbre Calacatta Macchia Vecchia avec un dessin fort et marqué qui donne du caractère, le marbre est ensuite repris de manière plus subtile au niveau du vaisselier et du feu ouvert pour une harmonie des matières.

Des chaises Cherner (arm)chair finition noyer autour de la table Carl Hansen CH339 de Hans J. Wegner (1962) de chez Diito. Suspension Tom Dixon.

Dit appartement van 250 m² in een gebouw uit de jaren 1950 in een groene omgeving aan het Zoniënwoud werd omgetoverd in een hedendaagse familieruimte door architectenbureau Jules Miles.

Er werd een open leefomgeving gecreëerd met vier functies: keuken en eetkamer, ontdubbeld salon (1 haardkant en 1 voor multimedia) en een verborgen bureau. De originele bouwelementen in beton bleven behouden en werden extra geaccentueerd; het maatwerk van de kasten en de keuken verdeelt de ruimte. Het werkblad en de keukenbar zijn in Calacatta marmer (Macchia Vecchia) met een sterke, karaktervolle tekening maar subtieler aan de vaatkast en de open haard.

Cherner armstoelen in notelaar rond een CH339 tafel van Carl Hansen ontworpen door Hans Wegner in 1962 (gekozen bij Diito). Tom Dixon plafondlampen.

–

EUROPEAN LEADER IN KITCHEN WORKTOPS

–

LEADER EUROPEEN EN PLANS DE TRAVAIL DE CUISINE

—

EUROPESE MARKTLEIDER IN KEUKENWERKBLADEN

—

PHOTOGRAPHY
Jo Pauwels

The family company Louis Culot in Puurs has existed for over 110 years, but has been specializing in the production of kitchen worktops since the 1980s: initially exclusively in natural stone, later in composite, Decton and ceramics.

Since 2006, Louis Culot has been housed in a beautiful 4500m^2 business building with spacious showroom and in 2011, Tim Culot, the grandson of the founder, took over the business. In 2013, the company started processing the revolutionary material Dekton: thanks to the progressive approach and enthusiasm of the family business, combined with many years of professional knowledge, the company was awarded the title of the best Dekton processor in Europe in 2016. Together with his team of 48 employees, Tim continues the family tradition: the production (custom-made) and installation of top quality kitchen worktops.

The first project in this report (pp. 184-191) was realized in collaboration with interior designer Katrien Van Biervliet ('t Withuys Brugge). A worktop in Bianco Carrara Bouchardino, thickened with mitre cuts. Rear wall in Calacatta, smoothened finish. The natural stone slabs were selected at Beltrami.

The second kitchen (p. 192-193) is completely in Breccia Imperial Letano, thickened with mitre cuts.

www.culot.be

L'entreprise familiale Louis Culot de Puurs existe depuis plus de 110 ans. Cependant, à partir des années 1980, elle s'est spécialisée dans la production de plans de travail de cuisine : au départ seulement en pierre naturelle, plus tard également en composite, en Dekton et en céramique.

Depuis 2006, Louis Culot s'est installé dans un fabuleux bâtiment commercial de 4500 m^2 avec grande salle d'exposition. En 2011, Tim Culot, l'arrière-petit-fils du fondateur, a repris l'entreprise. En 2013, fut amorcé le traitement de la matière révolutionnaire Dekton: le caractère progressif et l'enthousiasme de l'entreprise familiale, combiné avec de nombreuses années d'expertise, ont contribué en 2016 à obtenir le titre de meilleur processeur de Dekton en Europe. Avec son équipe de 48 employés, Tim poursuit la tradition familiale : la production (toute personnalisée) et le placement de plans de travail de cuisine de qualité supérieure.

Le premier projet de ce reportage (p. 184-191) a été réalisé en collaboration avec la décoratrice Katrien Van Biervliet (' t Withuys Bruges). Un plan de travail en Bianco Carrara Bouchardino, rechargé et exécuté en onglets. La paroi arrière en Calacatta, à finition adoucie. Les plaques de pierre naturelle ont été sélectionnées chez Beltrami.

La deuxième cuisine (p. 192-193) est conçue entièrement en Breccia Imperial Letano, rechargée et exécuté en onglets.

Het familiebedrijf Louis Culot uit Puurs bestaat al meer dan 110 jaar, maar heeft zich sinds de jaren 1980 gespecialiseerd in de productie van keukenwerkbladen: aanvankelijk uitsluitend in natuursteen, later ook in composiet, Dekton en keramiek.

Sinds 2006 is Louis Culot gehuisvest in een prachtig bedrijfspand van 4500 m^2 met ruime showroom en in 2011 nam Tim Culot, achterkleinzoon van de oprichter, de zaak over.

In 2013 werd gestart met de verwerking van het revolutionaire materiaal Dekton: het vooruitstrevende karakter en enthousiasme van het familiebedrijf, gecombineerd met de jarenlange vakkennis, zorgden in 2016 voor het behalen van de titel beste Dekton verwerker in Europa. Samen met zijn team van 48 medewerkers zet Tim de familietraditie verder: de productie (helemaal op maat) en de plaatsing van keukenwerkbladen van topkwaliteit.

Het eerste project in deze reportage (p. 184-191) werd gerealiseerd in samenwerking met interieurarchitecte Katrien Van Biervliet ('t Withuys Brugge). Een werkblad in Bianco Carrara Bouchardino opgedikt in verstek. Achterwand in Calacatta, verzoete afwerking. De natuursteenplaten werden bij Beltrami geselecteerd.

De tweede keuken (p. 192-193) is volledig in Breccia Imperial Letano, opgedikt in verstek.

SUBLIMING SPACES

—

SUBLIMER LES ESPACES

—

SUBLIMEREN VAN DE RUIMTEN

—

Julie Ruquois, passionate about architecture since her early childhood and graduated since 2002, started working at Olivier Dwek's young and growing office. An enriching experience which lasted eight years and sharpened her vision and knowledge.

In parallel, the first personal assignments started coming in and they became increasingly important and more complex. The sites became larger, and Julie decided to dedicate herself to her own projects and established her own architectural firm.

According to her, each place has a history you have to get started with. It is about making the analysis, understanding the things to the smallest details. Her ease of juggling with the flowing circular forms, the materials, the light and prospects allows her to sublime the spaces.

Given that each project is unique, Julie Ruquois makes it her top priority to be present at the site herself and have a close follow-up of the building site. She aims at finishing everything in the finest detail and to the overall client satisfaction.

This two-storey apartment on the Belgian coast offers views of the front (North Sea) to the rear (Zwin nature reserve). The clients asked architect Julie Ruquois to design the two empty platforms, the furniture and to advise on the decoration and artwork. The tonalities remind you of the views : sand, pines, … The spaces are open, circulation is fluid to open the perspectives towards nature. The sliding doors define the spaces and offer intimity or openness. The decoration serves the surrounding nature and the contemporary art.

The kitchen has been made by Obumex. Works of art by Zilvinas Kempinas, Alan Charlton, Dan Walsh, Stuart Cumberland and Terry Winters. The table designed by Ado Châle and a Catherine François sculpture.

www.julieruquois.com

Passionnée d'architecture dès son plus jeune âge, Julie Ruquois obtient son diplôme d'architecture en 2002 et débute chez Olivier Dwek, jeune bureau et plein essor. Une collaboration enrichissante de huit années pendant lesquelles elle forge son œil et sa connaissance.

Parallèlement, Julie reçoit ses premières commandes personnelles. Avec le temps, la demande s'intensifie et se complexifie. Les chantiers prennent de l'ampleur. Elle décide alors de se consacrer entièrement à ses propres projets et met sur pied son bureau.

Pour Julie, chaque lieu a une histoire à raconter avec laquelle il faut composer. Il s'agit d'analyser, comprendre et décrypter les choses dans le moindre détail. Son aisance à jongler entre la fluidité des circulations, les matières, les lumières et les perspectives lui permet de sublimer les espaces.

Considérant chaque projet comme unique, Julie Ruquois met un point d'honneur à rester personnellement sur le terrain et à suivre de près l'évolution du chantier. Elle pousse les détails à l'extrême pour un résultat impeccable et une satisfaction totale du client.

Cet appartement, situé à la cote Belge, est déployé sur deux niveaux et offre des vues traversantes d'un coté sur la mer du Nord et de l'autre sur le Zwin, réserve naturelle. Ses propriétaires ont demandé à l'architecte Julie Ruquois d'aménager les deux plateaux vides, de dessiner tout le mobilier et de conseiller pour la décoration et le choix des œuvres d'art. Les tonalités rappellent les vues : le sable, les graminées, les pins,... Les espaces sont ouverts, les circulations fluides pour ouvrir les perspectives sur la nature. Les portes coulissantes modulent les espaces et offrent une intimité voulue ou une ouverture spectaculaire. La décoration est au service de la nature et de l'art contemporain.

La cuisine a été réalisée par Obumex. Oeuvres d'art de Zilvinas Kempinas, Alan Charlton, Dan Walsh, Stuart Cumberland et Terry Winters. Une table signée Ado Châle et une sculpture de Catherine François.

Julie Ruquois, gepassioneerd door architectuur sinds haar prille jeugd en gediplomeerd sinds 2002, startte bij het jonge en groeiende bureau van Olivier Dwek. Een verrijkende ervaring die acht jaar duurde en waarin ze haar visie en kennis aanscherpte.

Parallel daarmee kwamen de eerste persoonlijke opdrachten, die steeds belangrijker en complexer werden. De werven werden groter, en Julie besloot zich volledig aan haar eigen projecten te wijden met de oprichting van een eigen architectenbureau.

Voor haar heeft elke plek een geschiedenis waarmee je aan de slag moet gaan. Het gaat erom de analyse te maken, de zaken te begrijpen tot in de kleinste details. Haar gemak om te jongleren met de vloeiende circulaties, de materialen, het licht en de perspectieven laat haar toe om de ruimten te sublimeren.

Aangezien voor haar elk project uniek is, maakt Julie Ruquois er een erepunt van om zelf op het terrein aanwezig te zijn en de werf van nabij op te volgen. Ze wil alles tot in de puntjes afgewerkt voor een perfect resultaat en de totale tevredenheid van de klant.

Dit tweeverdiepenappartement aan de Belgische Kust biedt doorzichten van voor (Noordzee) tot achter (natuurreservaat het Zwin). De opdrachtgevers vroegen architecte Julie Ruquois om de twee lege plateaus in te richten, het meubilair te ontwerpen en te adviseren voor de decoratie en kunstwerken. De tonaliteiten herinneren aan de zichten: zand, dennenbomen,... De ruimten zijn open, de circulatie is vloeiend met optimale natuurzichten.
De schuifdeuren moduleren de ruimte en bieden intimiteit of openheid. De decoratie staat ten dienste van de omringende natuur en de hedendaagse kunst.

De keuken werd gemaakt door Obumex. Kunstwerken van Zilvinas Kempinas, Alan Charlton, Dan Walsh, Stuart Cumberland en Terry Winters. De tafel werd ontworpen door Ado Châle en de sculptuur is van Catherine François.

—

AWARD WINNING KITCHENS

—

–

DES CUISINES HONOREES

–

GELAUWERDE KEUKENS

–

PHOTOGRAPHY
Annick Vernimmen

Ambiance Cuisine is manufacturer of Artisan Cuisine Cottage, NEXT125 concessionaire and exclusive distributor of Poggenpohl in Brussels.

The family business has a beautiful showroom in Uccle and has been selling and installing fully equipped kitchens for more than a quarter of a century.

P. 206-207: a NEXT 125 kitchen with lava-black painted doors and handles in glass shell. Worktop in Caesarstone. Miele appliances and a Novy hood.

P. 208-209: a kitchen Poggenpohl Segmento + which won the Good Design Award and was presented in Chicago's Museum of Modern Art. Worktop in Caesarstone, Miele appliances and a Novy hood.

www.ambiancecuisine.com

Ambiance Cuisine est fabricant de la cuisine artisanale Cottage, concessionaire de NEXT125 et le concessionaire exclusif de Poggenpohl pour Bruxelles.

L'entreprise familiale, qui a un beau showroom à Uccle, vend et pose des cuisines équipées depuis plus de 25 ans.

Pages 206-207 : une cuisine NEXT 125 avec portes en verre laqué noir lave et poignée coquille en verre. Un plan de travail en pierre reconstituée Caesarstone. Appareils Miele et une hotte Novy.

Pages 208-209 : la cuisine Poggenpohl Segmento + a reçu le prix Good Design Award et a été présenté au Musée d'Art Moderne de Chicago. Un plan de travail en pierre reconstituée blanc Caesarstone, appareils Miele et une hotte Novy.

Ambiance Cuisine is fabrikant van de artisanale keukens Cottage, concessiehouder van NEXT125 en exclusief verdeler van Poggenpohl in Brussel.

Het familiebedrijf heeft een mooie showroom in Ukkel en verzorgt de verkoop en plaatsing van volledig uitgeruste keukens sinds meer dan een kwarteeuw.

P. 206-207 : een NEXT 125 keuken met lavazwart gelakte deuren en grepen in glasschelp. Werkblad in Caesarstone. Miele toestellen en een dampkap van Novy.

P. 208-209 : een keuken Poggenpohl Segmento + die de Good Design Award won en voorgesteld werd in het Museum of Modern Art van Chicago. Werkblad in Caesarstone, Miele toestellen en een dampkap van Novy.

www.ambiancecuisine.com

—

THE HEART OF A CUBIC HOUSE

—

LE COEUR D'UNE MAISON CUBIQUE
—
HART VAN EEN KUBUSVORMIG HUIS
—

PHOTOGRAPHY
Pierre Rogeaux

This contemporary, cube-shaped house was built in the 1970s: it offers a strong potential for all those who can redesign it in a radical and bold manner.

Luc Mayelle, interior architect/designer, has managed to successfully maintain the DNA and identity of the construction while the interior was completely transformed with virtuosity.

As always in old buildings, the kitchen was separated from the living areas. Today it is at the heart of the living spaces and determines the re-organization of the ground floor. Structured around small window openings to the garden, the cube-shaped construction is mainly lived from the interior. Luc Mayelle has not hesitated to rebuild everything after eleven months of intense works. Only the walls were kept, inside everything was taken down to start again from scratch. He worked meticulously on the perspectives, offering a framework and a different view depending on where you are in the house.

A lot of attention was paid to the lighting: integrated and interwoven with the ceiling. The refinement of the many details in this house shows a technical brio and a rare aesthetic.

www.mayelle.com

Cette maison cubique contemporaine construite dans les 1970 annonce un très fort potentiel à qui sait la repenser radicalement avec audace.

Luc Mayelle, architecte d'intérieur designer, a réussi avec brio le pari de préserver l'ADN et l'identité de la construction tout en la métamorphosant de l'intérieur avec virtuosité.

Comme toujours dans les constructions anciennes, la cuisine est détachée des pièces à vivre. Aujourd'hui devenue l'univers central, elle conditionne la réorganisation du rez-de-chaussée de la maison. Par ailleurs structurée autour de petites percées sans ouvertures réelles sur le jardin, la construction cubique se vit de l'intérieur. Luc Mayelle n'hésite pas à proposer un projet d'envergure qui demandera onze mois de travaux intenses. Il garde juste les murs comme enveloppe de la bâtisse et a décidé de tout casser à l'intérieur pour partir d'une page blanche. Il a travaillé avec justesse les perspectives afin que celles-ci donnent un cadre et une vue différente en fonction de l'endroit où l'on se trouve.

L'éclairage est particulièrement soigné et recherché, toujours incorporé et fondu au plafond. La sophistication des nombreux détails de cette maison révèle une prouesse technique et esthétique rare.

Dit hedendaagse, kubusvormige huis werd in de jaren 1970 gebouwd: het biedt een sterk potentieel voor wie het kan herdenken op radicale en gedurfde wijze.

Luc Mayelle, interieurarchitect / designer, is er glansrijk in geslaagd om het DNA en de identiteit van de constructie te behouden, terwijl het interieur met virtuositeit volledig werd getransformeerd.

Zoals altijd in oude gebouwen, was de keuken gescheiden van de leefruimten. Vandaag vormt ze het hart ervan, én bepaalt ze de re-organisatie van het gelijkvloers. Gestructureerd rond kleine raamopeningen naar de tuin toe, wordt de kubusvormige constructie vooral geleefd vanuit het interieur. Luc Mayelle heeft niet geaarzeld om alles te verbouwen, na elf maanden van intense werken. Enkel de muren bleven behouden, binnenin werd alles afgebroken om vanaf een wit blad te starten. Hij werkte minutieus aan de perspectieven, deze bieden een kader en een verschillend zicht in functie van waar men zich bevindt.

Er werd veel aandacht besteed aan de verlichting: geïntegreerd en verweven met het plafond. De verfijning van de vele details in deze woning tonen een technisch brio en een zeldzame esthetiek.

www.mayelle.com

—

TIMELESS QUALITY

—

—

QUALITE INTEMPORELLE

—

TIJDLOZE KWALITEIT

—

PHOTOGRAPHY
Claude Smekens

In this coverage, In Tempo, with offices in Eischen (Luxembourg) and Tongeren (Belgium), presents two kitchens in which oak for the low furniture is combined with painted MDF for the high furniture.

These kitchens were carried out by Sylvain Liégeois.

In the first project (pp. 222-225), a natural stone from Hullebusch was chosen. Worktop in white Carrara marble, Miele appliances, RVB taps, Nautic and Delta Light lighting. A gas fire by Stüv.

The second kitchen (p. 226-227) is equipped with a Viking stove. Checkerboard flooring in Italian marble (Dominique De Simpel), worktops in lively veined blue stone and lighting by Delta Light.

The tables and chairs of the In Tempo Home Collection were made of greyed solid oak and are covered with Libeco linen covers.

www.intempo.lu

In Tempo, présent à Eischen (Luxembourg) et Tongres (Belgique) présente dans ce reportage deux cuisines combinant le chêne pour les meubles bas et le MDF peint pour les meubles hauts.

Ces cuisines ont été réalisées par Sylvain Liégeois.

Dans le premier projet (p. 222-225) un sol en pierre naturelle de chez Hullebusch a été choisi. Plan de travail en marbre blanc de Carrare, équipement Miele, robinets RVB, luminaires Nautic et Delta Light. Un foyer au gaz Stüv.

La deuxième cuisine (p. 226-227) est équipée d'une cuisinière Viking. Sol en damier de marbre italien (Dominique De Simpel), plans de travail en pierre bleue flammée et luminaires Delta Light.

Les tables et les chaises des deux projets proviennent de la Home Collection In Tempo et ont été réalisées en chêne massif grisé avec des housses en lin Libeco.

In Tempo, met vestigingen in Eischen (Luxemburg) en Tongeren (België) presenteert in deze reportage twee keukens waarin eiken voor de lage meubelen gecombineerd wordt met geschilderde MDF voor de hoge meubelen.

Deze keukens werden uitgevoerd door Sylvain Liégeois.

In het eerste project (p. 222-225) werd gekozen voor een natuursteen van Hullebusch. Werkblad in witte Carrara marmer, Miele toestellen, RVB kraanwerk, Nautic en Delta Light verlichting. Een gashaard van Stüv.

De tweede keuken (p. 226-227) is uitgerust met een Viking fornuis. Dambordvloer in Italiaanse marmer (Dominique De Simpel), werkbladen in gevlamde blauwsteen en verlichting van Delta Light.

De tafels en stoelen uit de Home Collection van In Tempo werden uitgevoerd in vergrijsde massieve eiken met hoezen in linnen van Libeco.

www.intempo.lu

—

A QUEST FOR PERFECTION

—

—

UNE QUETE DE PERFECTION

—

EEN STREVEN NAAR PERFECTIE

—

PHOTOGRAPHY
Tineke De Vos

Dekeyzer has offices in Menen, Roeselare, Sijsele, Sint-Martens-Latem, Beveren-Waas, Boortmeerbeek and soon also in Zingem.

For three generations, the family business with more than one hundred enthusiastic employees has been looking for perfection in design and execution.

In the production unit of over 3 hectares Dekeyzer reconciles innovative designs and top technology with artisan production and solid luxury.

The in-house installers ensure a perfect finish.

P. 232-235: In this atmospheric, restful kitchen the fronts were partly painted in oak and partly coloured. Worktop in Azul Valverde Sablino natural stone.

The bench with round table, the gas cooking hobs worked in the worktop and the fireplace which was integrated into the island make the kitchen complete.

Interior architect of Dekeyzer: Eva De Mey.

Project in collaboration with interior designer Josfien Maes.

P. 236-239: This open-plan kitchen in white-painted oak opens onto the seating area and the dining room.. Worktop in composite (Frosty Carrina).

Column cabinet wall is in naturally tinted oak, returning in a number of other elements in the kitchen.

The warm colour and material combination ensures a pleasant atmosphere.

Interior architect of Dekeyzer: Julie Cherton.

P. 240-241: The fronts of this sleek kitchen are made of dark coloured oak, heavily brushed. The worktop is in the same natural stone used for the floor: Ceppo Di Gres. The appliances were deliberately kept out of sight. A pivoting door is incorporated in the column cabinet wall, with a small storage space behind it.

Interior architect of Dekeyzer: Jolien Wildemauwe.

www.dekeyzer.be

Dekeyzer a des établissements à Menin, à Roulers, à Sijsele, à Sint-Martens-Latem, à Beveren-Waas, à Boortmeerbeek et bientôt aussi à Zingem.

Depuis trois générations, l'entreprise familiale, qui compte entre-temps plus d'une centaine d'employés enthousiastes, est constamment à la recherche de la perfection, tant dans la conception que dans l'exécution.

Dans l'unité de production de plus de 3 Ha, De Keyzer réunit des conceptions innovantes et une technologie de pointe avec la production artisanale et un luxe de première catégorie.

Les propres installateurs assurent une finition parfaite.

P. 232-235 : Dans cette cuisine atmosphérique et apaisante, les façades en chêne ont partiellement été laquées et colorées. Le plan de travail est exécuté en pierre naturelle Azul Valverde Sablino.

Le canapé avec table ronde, les becs à gaz intégrés dans le plan de travail et la cheminée encastrée dans l'îlot de cuisine couronnent le tout avec succès.

Architecte d'intérieur Dekeyzer : Eva De Mey.

Projet en collaboration avec l'architecte d'intérieur Josfien Maes.

P. 236-239 : Cette cuisine en chêne laqué blanc ouvre sur le salon et la salle à manger. Plan de travail en composite (Frosty Carrina).

Mur d'armoires colonnes en chêne teinté naturel, qui réapparaît dans un certain nombre d'autres éléments dans la cuisine. Cette combinaison de couleurs et de matériaux chaleureux assure une ambiance agréable

Architecte d'intérieur Dekeyzer : Julie Cherton.

P. 240-241 : Les portes de cette cuisine élégante ont été exécutées en chêne foncé, fortement brossé. Comme plan de travail, on a choisi la même pierre naturelle que pour le sol : Ceppo Di Gres. Les appareils ont été délibérément gardés hors de la vue. Dans le mur des armoires colonnes, une porte pivotante a été prévue, donnant sur un petit débarras.

Architecte d'intérieur Dekeyzer : Jolien Wildemauwe.

Dekeyzer heeft vestigingen in Menen, Roeselare, Sijsele, Sint-Martens-Latem, Beveren-Waas, Boortmeerbeek en binnenkort ook in Zingem.

Al drie generaties lang zoekt het familiebedrijf, dat intussen meer dan honderd enthousiaste medewerkers telt, naar perfectie in ontwerp én uitvoering.

In de productie-eenheid van ruim 3 Ha verzoent Dekeyzer vernieuwende ontwerpen en toptechnologie met artisanale productie en degelijke luxe.

De eigen plaatsers zorgen voor een perfecte afwerking.

P. 232-235: in deze sfeervolle, rustgevende keuken werden de fronten in eik deels gelakt en deels gekleurd. Werkblad in Azul Valverde Sablino natuursteen.

De zitbank met ronde tafel, de gaspitten ingewerkt in het werkblad en de haard die in het eiland werd geïntegreerd maken de keuken af.

Interieurarchitecte Dekeyzer : Eva De Mey.

Project in samenwerking met interieurarchitecte Josfien Maes.

P. 236-239: deze open leefkeuken in witgelakte eik geeft uit op de zithoek en de eetkamer. Werkblad in composiet (Frosty Carrina).

De kolomkastenwand in naturel getinte eik komt terug in een aantal andere elementen in de keuken.

Deze warme kleuren- en materialencombinatie zorgt voor een aangename sfeer.

Interieurarchitecte Dekeyzer : Julie Cherton.

P. 240-241: de fronten van deze strak gelijnde keuken zijn uitgevoerd in donkergekleurde eik, zwaar geborsteld. Als werkblad werd gekozen voor dezelfde natuursteen als de vloer : Ceppo Di Gres. De toestellen werden bewust uit het zicht gehouden. In de kolomkastenwand zit een pivoterende deur verwerkt, met daarachter een kleine berging.

Interieurarchitecte Dekeyzer : Jolien Wildemauwe.

A DINNER WITH A VIEW

–

DINER AVEC VUE

–

DINEREN MET TUINZICHT

–

PHOTOGRAPHY
Liesbet Goetschalckx

In the wooded area of Limburg, Roos Blower designed this spacious new-build villa with patio.
Everything was custom-made: from the kitchen to the dining table in solid oak.

In the kitchen, the door to the storage room was integrated in the long cabinet wall so that it becomes invisible.

The kitchen is fully white, with worktops in Corian and cabinets in lacquered MDF. The rich structure of walnut adds a warm touch to the whole.

A separate round table is provided for breakfast with the family with an overall view onto the garden.

The patio allows for a glimpse of the whole house, where the spacious kitchen is the focal point. However, it can be completely sealed off from other living areas, if desired.

The double sliding door in walnut, for example, can be closed for a quiet dinner in the spacious dining room at a solid oak table with a lacquered steel frame. The pivoting door in walnut closes the dining area from the patio.

The large ceramic tiles run through the entire house and the walnut wood is the guiding theme.
In the dining area next to the kitchen: Arper Catifa chairs around an S table of MDF Italia and a Glo-ball lamp by Flos.

In the dining room: Tom Dixon ceiling lamps and MDF Italia Flow Chair chairs around a custom-made wooden table.

www.aerts-blower.be

C'est dans l'environnement boisé du Limbourg que Roos Blower a aménagé cette vaste villa avec patio nouvellement construite.

Tout a été conçu sur mesure : de la cuisine à la table en chêne massif.

Dans la cuisine, la porte du débarras a été intégrée dans la longue paroi d'armoires encastrées, ce qui la rend invisible.

La cuisine est toute en blanc, avec des plans de travail en Corian et des armoires en MDF laqué. La riche structure du noyer ajoute une touche chaleureuse à l'ensemble.

Une table ronde séparée avec une vue panoramique sur le jardin a été prévue pour les petits-déjeuners en famille.

Le patio crée une percée à travers la totalité de l'habitation en faisant la part belle à la cuisine-séjour. Celle-ci peut pourtant totalement être séparée des autres pièces de vie.

Ainsi, la double porte coulissante en noyer peut se fermer pour dîner au calme à la table en chêne massif avec piétement en acier laqué de la salle à manger royale. Quant à la porte pivotante en noyer, elle sépare la salle à manger du patio.

Les grandes dalles en céramique se retrouvent dans toute la maison et le noyer constitue également un fil rouge.

Dans le coin repas à côté de la cuisine : Des chaises Arper Catifa autour de la table S de MDF Italia et une lampe Glo-ball de Flos.

Dans la salle à manger : des plafonniers Tom Dixon et des chaises Flow Chair de MDF Italia autour d'une table en bois sur mesure.

In het bosrijke Limburg richtte Roos Blower deze ruime nieuwbouw-villa met patio in.

Alles is op maat ontworpen: van de keuken tot de eettafel in massieve eik.

In de keuken is de deur naar de berging in de lange kastenwand verwerkt. Daardoor wordt de deur onzichtbaar.

De keuken is volledig wit, met keukenbladen in Corian en kasten in MDF gelakt. De rijkelijke structuur van de notelaar leidt tot een warm geheel.

Aan de ronde tafel kan het gezin ontbijten met een heerlijk zicht op de tuin.

De patio biedt een doorkijk in de hele woning, waarbij de leefkeuken centraal staat Maar als de baas des huizes dat wil, kan de keuken volledig worden afgesloten van de andere woonruimtes.

Zo kan de dubbele schuifdeur in notelaar dicht om rustig te dineren in de royale eetkamer. Daar staat een massieve eiken tafel met een gelakt stalen onderstel. De pivoterende deur in notelaar sluit de eetruimte dan weer af van de patio.

De grote keramische tegel loopt door de volledige woning. Ook het notelaarhout is een leidmotief.

In de eethoek naast de keuken: Arper Catifa-stoelen rond een S-tafel van MDF Italia en een Glo-ball-lamp van Flos.

In de eetkamer: plafondlampen van Tom Dixon en MDF Italia Flow Chair-stoelen rond een houten tafel op maat.

—

WEBSITES

—